¿La Voluntad de Dios es un Rompecabezas para Ti?

Pastor Jeremy Markle

Edición del Alumno

Los Ministerios de Andando en la PALABRA
Pastor Jeremy Markle
www.walkinginthewordministries.net

¿La Voluntad de Dios es un Rompecabezas para Ti?
Edición del Alumno

Publicado por Los Ministerios de Andando en la PALABRA
Walking in the WORD Ministries
www.walkinginthewordministries.net

Impreso en los Estados Unidos.

ISBN: 978-0692360620

El Paso de la Vida

Hay veces en que el camino de la vida se pone angosto y desigual. Protuberancias, colinas, montañas, despeñaderos, y valles oscuros parecen estar alrededor de cada esquina y ante cada paso. El sol aparece por un momento, pero luego las nubes de la tormenta llegan y tapan el cielo para que la noche caiga como una cortina oscura. La caminata a través de la vida se pasa sola con solamente la presencia de los problemas, las penas, y los miedos que se ocultan como ladrones detrás de cada árbol. La búsqueda para el camino correcto es a menudo la carga más grande. En el mundo físico, una caminata sin un amigo es pasar el desierto, y voluminoso sin la orientación correcta. También, la vida espiritual parece igual. Si un creyente no usa las herramientas que Dios le ha dado, le resultará difícil encontrar su dirección. Así la caminata espiritual a través de la vida se pondrá abrumadora. Un creyente debe poner su destino final en frente de él: la semejanza en Cristo, no importa el costo. Debe poner las herramientas de la escritura, la oración, y el Espíritu Santo que Dios le ha dado en uso, y luego ver su viaje como un paseo a través de la vida con un amigo que es todopoderoso, todo sabiduría, y todo amor, y Quien buscará su mejor beneficio siempre.

Pastor Jeremy Markle

Colosenses 1:9-12

9 Por lo cual también nosotros,
desde el día que lo oímos,
no cesamos de orar por vosotros,
y de pedir que seáis llenos del conocimiento
de su voluntad
en toda sabiduría e inteligencia espiritual,
10 para que andéis como es digno del Señor,
agradándole en todo,
llevando fruto en toda buena obra,
y creciendo en el conocimiento de Dios;
11 fortalecidos con todo poder,
conforme a la potencia de su gloria,
para toda paciencia y longanimidad;
12 con gozo dando gracias al Padre
que nos hizo aptos para participar
de la herencia de los santos en luz;

La voluntad de Dios empieza con . . .

Juan 3:16-18

Porque de tal manera amó Dios al mundo,
que ha dado a su Hijo unigénito,
para que todo aquel que en él cree,
no se pierda, mas tenga vida eterna.
Porque no envió Dios a su Hijo al mundo
para condenar al mundo,
sino para que el mundo sea salvo por él.

2 Pedro 3:9

El Señor no retarda su promesa,
según algunos la tienen por tardanza,
sino que es paciente para con nosotros,
no queriendo que ninguno perezca,
sino que todos procedan al arrepentimiento.

La voluntad de Dios continua con . . .

Colosenses 1:16-17

Porque en él fueron creadas todas las cosas,
las que hay en los cielos y las que hay en la tierra,
visibles e invisibles;
sean tronos, sean dominios,
sean principados, sean potestades;
todo fue creado por medio de él y para él.
Y él es antes de todas las cosas,
y todas las cosas en él subsisten;

Filipenses 1:6

Estando persuadido de esto,
que el que comenzó en vosotros la buena obra,
la perfeccionará hasta el día de Jesucristo;

1 Juan 3:2-3

Amados, ahora somos hijos de Dios,
y aún no se ha manifestado lo que hemos de ser;
pero sabemos que cuando él se manifieste,
seremos semejantes a él,
porque le veremos tal como él es.
Y todo aquel que tiene esta esperanza en él,
se purifica a sí mismo, así como él es puro.

Romanos 12:1-2

Así que, hermanos,
os ruego por las misericordias de Dios,
que presentéis vuestros cuerpos en sacrificio vivo,
santo, agradable a Dios,
que es vuestro culto racional.
No os conforméis a este siglo,
sino transformaos por medio
de la renovación de vuestro entendimiento,
para que comprobéis
cuál sea la buena voluntad de Dios,
agradable y perfecta.

Indice

Apéndice

LA PREPARACIÓN

I. La _____ - Cada persona que busque la voluntad de Dios para el futuro tiene que cumplir Su voluntad en el presente.

A. _____
⇨Romanos 5:6-8

1. **Es la voluntad de Dios que cada persona tenga una _____ personal con Él.**
⇨II Pedro 3:9
☞Juan 3:15-17, Efesios 2:1-6, I Juan 3:23

2. **Sin una relación con Dios por la salvación, es imposible _____ ni saber Su voluntad.**
⇨I Corintios 2:14
⇨II Pedro 1:9-10
☞Juan 14:6-7, Hebreos 11:6

B. _____
⇨Juan 17:17
⇨I Tesalonicenses 4:3-6

1. **La santificación tiene un _____: Separación**
⇨II Corintios 6:14-18
⇨I Pedro 1:15-16
☞Romanos 12:1-8, Filipenses 1:9-11, 20-23, 2:5-8, 12-14, Colosenses 1:9-12

2. **La santificación tiene un** _____:
   Substitución
   ⇨II Corintios 5:17
   ⇨Colosenses 3:8-10
   ☞Salmo 119:9-16, Proverbios 3:1-12, 24:15, Efesios 4:28, Filipenses 3:13-16, Colosenses 3:8-17, I Juan 1:6-10, 3:2-3
3. **La santificación** _____ **: Servicio**
   ⇨Mateo 4:10
   ⇨Mateo 6:24
   ⇨II Timoteo 2:21
   ☞Josué 24:14-15, Mateo 16:24-27, 28:19-20, Lucas 19:11-27, Romanos 12:1-2, Efesios 2:10

C. _____

1. **Sacrificio implica la** _____.
   ⇨Hebreos 11:1, 4, 6, 17-19
   ☞Salmo 18:30-50, Romanos 14:22-23, Santiago 2:17-26, Hebreos 10:22-23
2. **Sacrificio implica la** _____ ...
   a. En la mano de Dios mientras que Él está formando su vida
      ⇨Isaías 64:8
      ⇨I Pedro 1:6-7
      ☞Isaías 29:16, Jeremías 18:6, Romanos 9:20-21

b. Al tiempo de Dios mientras que depender en Su poder
⇨Salmo 27:13-14
⇨Isaías 40:29-31
☞Salmo 30:5-6, 145:13-16, Isaías 25:8-9, Gálatas 6:9

LOS EJEMPLOS BÍBLICOS

☞Gedeón - Jueces 6:11-14, 34
✔Él era conocido por Dios como un hombre valiente.
✔Él escuchó a Dios cuando le habló.
✔Él fue llenado por el Espíritu de Dios.

☞David - I Samuel 16:1-13, Hechos 13:22
✔Él fue escogido por Dios.
✔Él era un hombre conforme al corazón de Dios.
✔Él tenía el Espíritu de Dios sobre él.

☞Eliseo & Naamán - II Reyes 5:1-4
✔Él era usado por Dios para suministrar la victoria para su país.
✔Él escuchó a una niña que creía en Dios y le dijo que el profeta de Dios podía curarlo.

☞El Siervo de Abraham - Génesis 24:1-9, 12-14
✔Él era el siervo más ilustre en la casa de Abraham.
✔Él hizo un juramento con Abraham para seguir su instrucción.
✔Él pidió la dirección y provisión de Dios en su oración.

LA PRESENTACIÓN

II. La _____ - Una persona no puede encontrar la respuesta correcta si no sabe la pregunta correcta.

A. **La pregunta tiene que ser _____ suficientemente para recibir una respuesta específica.**

⇨Lucas 11:9-13

⇨Juan 15:7

B. **La pregunta tiene que ser para _____ la voluntad y glorificar a Dios en vez de agradar al hombre.**

⇨Santiago 4:3

⇨Mateo 26:39, 42, 44

☞I Corintios 10:31, Santiago 4:1-3

*¿Esta decisión tiene mandato o principio bíblico que te da una respuesta clara de "Sí" o "No"?

☞Santiago 4:17

**Si la respuesta es "Si," no tiene buscar la voluntad de Dios, tiene que obedecer Su voluntad revolada.

LOS EJEMPLOS BÍBLICOS

☞Gedeón - Jueces 6:13-24
✔Él quería la confianza que Dios va a libertar a los hijos de Israel de los Madianitas.

☞David - I Samuel 23:1-2, 9-12
✔Él quería saber si debía luchar contra los Filisteos para salvar a los hombres de Keila.
✔Él quería evitar el conflicto con el Rey Saúl.

☞Eliseo & Naamán - II Reyes 5:5-7
✔Él quería ser sanado de su lepra.

☞El Siervo de Abraham - Génesis 24:12-14
✔Él quería encontrar la doncella correcta para ser la mujer de Isaac.

LA PETICIÓN

III. **La** _____ **(Oración)** - La oración debe ser uno de los recursos más grandes que una persona tiene en la práctica. Porque por la oración una persona puede comunicar su necesidad(es) directamente a Él con las respuestas.

*La oración debe ser una participación consistente de cada paso en el proceso de encontrar la voluntad de Dios.

A. **Entender que Dios** _____ **oírnos cuando pedimos.**

⇨Mateo 7:7-8

⇨Jeremías 33:2-3

☞Salmo 55:22, 61:1-4, 145:18-20, Proverbios 3:5-6, Isaías 26:3-4, Mateo 11:28-30, Lucas 11:5-13, 18:1-5, Juan 14:12-14, 15:7, Romanos 8:31, Filipenses 4:6-7, Hebreos 4:16, Santiago 1:5

B. **Entender los** _____ **para pedir.**

1. **Eliminar el** _____.

⇨Salmo 66:18

⇨Isaías 59:1-4

☞Salmo 38:17-18, Proverbios 28:13-14, Marcos 11:24-26, I Tesalonicenses 5:14-24, Santiago 4:1-10, I Pedro 3:12, I Juan 1:6-10, 5:14-15

2. Orar en ___.

⇨Mateo 21:21-22

⇨Santiago 1:5-7 59:1-4

☞Marcos 11:22-24, I Timoteo 2:8, Hebreos 11:6

Mateo 6:6-13

Los requisitos esenciales para orar (6-8)
  *La oración debe ser un tiempo personal de "adoración" no una presentación pública de "religión."
  **La oración debe ser con proposito y respeto.
  ***La oración es una expresión de dependencia en Dios.

Los pasos al orar (9-13)
I.   Alabar a Dios
     A. Alabarle a Él directamente.
     B. Alabarle a Él por pedir por Su voluntad.
II. Orar personalmente
     A. Orar por las necesidades.
     B. Orar por el perdón.
     C. Orar por dirección.
III. Alabar a Dios
     *Basado en el conocimiento de que Dios es el Altísimo.

C. Entender lo que _____ pedir.

⇨Mateo 6:9-13

⇨Romanos 8:26-27

⇨Santiago 1:5

☞Salmo 38:19-22, 119:25-40, 143:10-11, Marcos 11:24, Juan 14:12-17, 16:13, Filipenses 4:6

D. **Entender el _____ de pedir (orar).**
   ⇨Filipenses 4:6-7
   ⇨Santiago 5:16-18
   ☞Lucas 11:9-10, Santiago 1:5-8

E. **Entender _____ debe pedir.**
   ⇨Salmo 55:16-17
   ⇨Lucas 18:1 (1-8)
   ⇨Romanos 12:12
   ☞Salmo 5:1-3, 86:6-7, I Tesalónica 5:17-18, Efesios 6:18

LOS EJEMPLOS BÍBLICOS

☞Gedeón - Jueces 6:36-40
✔Él pidió a Dios que proveyera una señal por modificar las circunstancias físicas de la lana y el rocío.

☞David - I Samuel 23:2-4, 10-12
✔Él pidió a Dios dos veces si debía ir y luchar contra los filisteos.
✔Él pidió a Dios el saber si estaba protegido del ataque del rey Saúl.

☞Eliseo & Naamán - II Reyes 5:5-6, 9
✔Él tenía una carta escrita específicamente para el rey de Israel (el líder de la gente de Dios) en la que pidió la curación.
✔Él viajó donde el profeta de Dios estaba para pedirle la curación.

☞El Siervo de Abraham - Génesis 24:12-14
✔Él pidió al Dios de Abraham por dirección y provisión para encontrar la doncella correcta para ser la esposa de Isaac.

LAS PERSONAS

IV. **Las** _____ - Dios da un origen de la sabiduría verbal o física a cada persona a través de los individuos quienes ha puesto en su vida. Por buscar de otros, una persona puede escuchar a aquellos que tienen experiencia y aprender de la perspectiva de otros.

⇨Proverbios 11:14

A. **Consejeros** _____

    1. _____ **mismo**
      ⇨Salmo 32:8
      ☞Salmo 37:23-25
      ☞Juan 16:7-16, Salmo 31:1-3

    2. **La** _____ **de Dios**
      ⇨Salmo 1:1-6
      ⇨Salmo 119:105-106
      ☞Josué 1:8, Salmo 111:10, 119:9-16, 81-82 II Timoteo 3:16-17

    3. **La** _____ **de Dios**
      a. **Los Padres**
        ⇨Proverbios 4:10-13
        ⇨Proverbios 6:20-23
        ☞Éxodo 20:12, Eclesiastés 12:10-14, Hebreos 13:17

      b. **Los Ancianos / Las Personas Piadosas**
        ⇨Proverbios 24:3-6
        ☞Proverbios 20:5, Tito 2:1-5

    c. **Los Pastores / Los Líderes Espirituales**
       ⇨Efesios 4:11-12
       ☞Tito 2:15, Hebreos 13:17

B. **Los Consejeros** _____
   ⇨Salmo 1:1
   ⇨Proverbios 4:14-15
   ⇨Proverbios 13:20
   ☞Proverbios 1:11, 5:3-14, 6:24-28, 24:7-9, II Timoteo 4:10, Tito 1:10-12, I Juan 2:15-17

*Los consejeros pueden ser muy provechosos, pero es uno el que escoge el consejo con que va a dar cuentas a Dios por la decisión final.
*El consejo es solamente tan bueno como la premisa en la que está construido (Job y sus tres amigos).

LOS EJEMPLOS BÍBLICOS

☞Gedeón - Jueces 6:12-26, 36-40, 7:2-11
   ✔Él habló directamente con Dios (el Ángel del Señor)

☞David - I Samuel 23:2-5, 10-12, 24:4-7
   ✔Él preguntó a Dios sobre la liberación de los hombres de Keila y si éstos lo protegerían del rey Saúl.
   ✔Él escuchó las preocupaciones de sus hombres.
   ✔Él estaba con y recibió el consejo de Jonatán, el hijo del rey Saúl.
   ✔Él rechazó el consejo de sus hombres para matar al rey Saúl.

☞Eliseo & Naamán - II Reyes 5:4-9
   ✔Él recibió la aprobación y una carta de su rey.
   ✔Él presentó su carta al rey de Israel.
   ✔Él viajó a la casa de Eliseo y recibió el mandato de lavarse en el Río Jordán siete veces.
   ✔Él aceptó la advertencia de su siervo para bañarse en el Río Jordán siete veces.

☞El Siervo de Abraham - Génesis 24:4-11, 33-51, 57-58

✔Él recibió la instrucción de Abraham sobre la doncella especifica que sería aceptada como la esposa para Isaac.

✔Él pidió por el consejo y la decisión de Labán (su hermano) y Betuel (su padre) después de compartir los detalles de su encomienda y cómo Dios lo había guiado a Rebeca.

✔Él esperó por la respuesta de Rebeca de si estaba de acuerdo en ir con él.

EL PLAN

V. **El** _____ (los pasos) - Una persona que individualmente busca la voluntad de Dios debe ver las posibilidades actuales y hacer los planes para seguir a esas opciones.

A. **El plan no puede _____ ningún principio de las Escrituras.**
⇨Juan 14:23-24
⇨II Timoteo 3:16-17

B. **El plan no puede estar _____ en la fe, sino Dios tiene que ser el enfoque.**
⇨Proverbios 3:5-8
⇨Hebreos 12:1-2

C. **El plan no puede estar _____ en el prejuicio personal.**
⇨Salmo 37:4-5
⇨Jeremías 17:9-10

LOS EJEMPLOS BÍBLICOS

☞Gedeón - Jueces 6:17-23, 36-40, 7:1-8
✔Él pidió una señal y siguió la instrucción sobre los panes y la carne para verificar que el ángel era realmente del Señor.
✔Él pidió una señal por la lana y el rocío.
✔Él aceptó el plan de Dios en limitar el número de los hombres en su ejército.
✔Él aceptó la exhortación de Dios de visitar al ejército de los Madianitas.

☞David - I Samuel 23:1-5, 13-14, 16-18, 22-29
✔Él se preparó con sus hombres para luchar contra los filisteos y salvar a los hombres de Keila.
✔Él hizo un pacto confidencial con Jonatán por su protección.
✔Él trató de encontrar la protección del rey Saúl continuamente.

☞Eliseo & Naamán - II Reyes 5:5-13
✔Él aceptó la carta y el plan de su rey para ir a Israel y encontrar la curación.
✔Él recibió una invitación para visitar a Eliseo.
✔Él tuvo instrucción para bajarse en el Río Jordán siete veces del criado de Eliseo.

☞El Siervo de Abraham - Génesis 24:3-9, 12-14

✔Él recibió las instrucciones específicas de Abraham sobre qué tipo de doncella era la correcta, y que Isaac no tuviera que viajar para conocerla.

✔Él pidió a Dios por las circunstancias específicas en su oración con el propósito de saber que la doncella era la correcta.

LA PRÁCTICA DEL PLAN

VI. **La** _____ **del Plan** - La planificación no llevará a ninguna dirección en particular si la persona no cumple el plan. Los pasos deben ser tomados para ejecutar cada plan y luego valorar los resultados que Dios ha producido.

A. **El plan debe estar** _____ **en la acción.**
   ⇨Proverbios 16:3
   ⇨Salmo 37:23-26
   ☞Salmo 48:14, 31:1-3, Proverbios 3:5-6, Isaías 30:20-21, Juan 16:13

B. **El resultado debe ser** _____ **sin cualquier excusa.**

C. **El resultado debe ser** _____ **sin cualquier excusa.**

D. **El cumplimiento de un plan debe estar** _____ **con la oración.**

*No apresure una situación, sino sea muy paciente para la dirección, la paz, y el tiempo de Dios. Nuestra voluntad debe hacerse según la voluntad de Dios; solamente así podemos cumplirla (Mateo 6:10, 26:39, 42)

LOS EJEMPLOS BÍBLICOS
(PUNTO A)

☞Gedeón - Jueces 6:19-22, 27, 37-40, 7:3-8, 13-16
✔Él llevó a cabo cada prueba que le sugirió para verificar el plan de Dios.
✔Él logró cada mandato que Dios le daba para demostrar su fidelidad y para prepararse con los otros para la batalla.

☞David - I Samuel 23:5-9, 13-15
✔Él siguió la dirección de Dios para luchar contra los filisteos aunque lo puso en peligro con el rey Saúl.
✔Él se retiró con sus hombres de Keila porque le fue revelado que no lo protegerían del rey Saúl.
✔ Él se mudo de un lugar a otro para evitar la confrontación con el rey Saúl.

☞Eliseo & Naamán - II Reyes 5:5-6, 9, 14
✔Él siguió el plan de su rey y viajó para hablar con el rey de Israel.
✔Él viajó a la casa de Eliseo como fue invitado a hacerlo.
✔Él viajaba al lado del Río Jordán.

☞El Siervo de Abraham - Génesis 24:10-11, 14b-25, 30-54

✔Él tomó las provisiones necesarias y viajó a la patria de Abraham.

✔Él esperó pacientemente hasta que su oración fuera completamente contestada

✔Él preguntó a Rebeca si había provisiones y el espacio para hospedarse, y aceptó su propuesta de quedarse en la casa de su familia.

✔Él esperó por la respuesta de la familia de Rebeca sobre su propósito antes de recibir su hospitalidad.

✔Él dio obsequios a Rebeca y a su familia.

LOS EJEMPLOS BÍBLICOS (PUNTO B)

☞Gedeón - Jueces 6:22-24, 39, 7:7-8, 15
✔Él reconoció la presencia de Dios después que el Ángel del Señor quemó los panes y la carne.
✔Él reconoció el poder y la voluntad de Dios después de la señal de la lana y el rocío.
✔Él reconoció el deseo de Dios para un ejército limitado después de las dos pruebas a sus soldados.
✔Él reconoció la promesa de la victoria de Dios después de escuchar la preocupación de los Madianitas.

☞David - I Samuel 23:1-4
✔Él reconoció la voluntad de Dios en ayudar a los hombres de Keila aunque los puso en peligro.

☞Eliseo & Naamán - II Reyes 5:11-14
✔Él estaba enojado al principio por como Eliseo no lo curó en la manera en que creyó que lo haría.
✔Él preguntó sobre la necesidad de lavarse en el Río Jordán en vez de un río de su propio país.
✔Él aceptó la animación de su siervo de seguir el mandato de Eliseo aunque no le gustaba la idea.

☞El Siervo de Abraham - Génesis 24:21, 26-27, 48, 56
✔Él reconoció la provisión de Dios de Rebeca como esposa para Isaac.

LOS EJEMPLOS BÍBLICOS
(PUNTO C)

☞Gedeón - Jueces 6:11-25, 36-40, 7:2-12,
   ✔Él habló con Dios (el Ángel de Dios) directamente durante cada paso.

☞David - I Samuel 23:2, 4, 10-12
   ✔Él oró a Dios por la sabiduría y las situaciones difíciles.

☞Eliseo & Naamán - II Reyes 5:9-10
   ✔Él tenía comunicación con el profeta de Dios, Eliseo.

☞El Siervo de Abraham - Génesis 24:14
   ✔Él oró a Dios y recibió su respuesta antes que su oración fuera terminada.

LA PRÁCTICA DE LA OBEDIENCIA

VII.   La _____ de la Obediencia - A través de la dirección constante de la mano de Dios en los pasos previos, y cuando a la persona individualmente le es mostrada la respuesta para su pregunta original, debe estar dispuesto a obedecer (no sólo con el corazón sino también en la acción).

A. **La obediencia es un _____.**
⇨Santiago 1:22-24
⇨Santiago 4:17
☞Juan 14:15, Hechos 5:26-32, Romanos 6:13-16, I Corintios 6:19-20, Filipenses 2:12-13, I Juan 5:2-5

B. **La obediencia lleva a las _____ de Dios.**
⇨Juan 14:21, 23
⇨Santiago 1:25
☞Salmo 37, Juan 15:10, Romanos 8:28, Hebreos 11:8-10, I Juan 2:17, 3:22-24

LOS EJEMPLOS BÍBLICOS

☞Gedeón - Jueces 7:16-25
✔Él atacó a los Madianitas cuando Dios lo fue dirigiendo y ganó la victoria para Israel.

☞David - I Samuel 23:5, 19-29, 24:1-7
✔Él liberó a los hombres de Keila.
✔Él huyó para esconderse en vez de enfrentar al rey Saúl.
✔Él no mató al rey Saúl (el rey ungido de Dios) cuando tuvo una oportunidad.

☞Eliseo & Naamán - II Reyes 5:13-14
✔Él obedeció el mandato de Eliseo y se lavó siete veces en el Río Jordán.

☞El Siervo de Abraham - Génesis 24:37-48, 56-67
✔Él estaba dedicado para seguir el mandato de Abraham y comunicó su dedicación claramente a la familia de Rebeca.
✔Él regresó a Isaac para presentarle a Rebeca la que sería ser su mujer.

LA ALABANZA A DIOS

VIII. **La** _____ **a Dios** - Las respuestas a las preguntas de la vida son solamente dadas por Dios. Por lo tanto, Dios debe recibir toda la gloria y alabanza por el resultado final.

⇨Génesis 41:16
⇨Salmo 43:3-4
⇨Daniel 2:27-28
⇨I Corintios 15:57-58
☞Salmo 19:1, 73:25, 90:1-4, 145:1-21, Lucas 1:46, 67-80, Apocalipsis 4:1-11

LOS EJEMPLOS BÍBLICOS

☞Gedeón - Jueces 7:18-22, 8:3
 ✔Él y sus hombres dieron la gloria a Dios cuando gritaron "¡Por la espada de Jehová y de Gedeón!"
 ✔Él hizo saber que Dios fue el Único Quien proveyó la victoria.

☞David - I Samuel 23:16, 24:1-22
 ✔Él encontró la fuerza en la mano de Dios a través del consejo de Jonatán.
 ✔Él declaró al rey Saúl que Dios lo había puesto en sus manos.

☞Eliseo & Naamán - II Reyes 5:15-19
 ✔Él regresó a Eliseo y declaró que supo que Dios solamente era encontrado en Israel.
 ✔Él ofreció regalos a Eliseo por su agradecimiento.

☞El Siervo de Abraham - Génesis 24:26-27, 48, 52
 ✔Él alabó a Dios por hacer su viaje próspero.
 ✔Él compartió su alabanza a Dios con Rebeca y su familia.
 ✔Él alabó a Dios después que recibió el permiso de la familia de Rebeca.

Salmo 37:23-25

Por Jehová son ordenados los pasos del hombre,
Y él aprueba su camino.
Cuando el hombre cayere, no quedará postrado,
Porque Jehová sostiene su mano.
Joven fui, y he envejecido,
Y no he visto justo desamparado,
Ni su descendencia que mendigue pan.

"Cada paso de la vida debe ser ejecutado con la destreza de conocer a Dios. Nunca camines sin la fe de Su mano guiándote. No importa cuán pequeño ni grande, cuán insignificante ni derrochador el paso pudiera parecer, éste debe estar poniéndote más cerca de tu objetivo, el de ser semejante a Cristo."

Filipenses 3:13-14

Hermanos,
yo mismo no pretendo haberlo ya alcanzado;
pero una cosa hago:
olvidando ciertamente lo que queda atrás,
y extendiéndome a lo que está delante,
prosigo a la meta,
al premio del supremo llamamiento de Dios
en Cristo Jesús.

¿La Voluntad de Dios es un Rompecabezas para Ti?

Pon cada pieza en el lugar correcto
y ve qué gran imagen Dios te está preparando.

I Juan 2:17
Y el mundo pasa, y sus deseos;
pero el que hace la voluntad de Dios permanece para siempre.

Preparación - ¿Tú estás en una relación correcta con Dios en tu vida diaria?
- ❏ Leer la Biblia diariamente
- ❏ Orar diariamente
- ❏ Las oraciones con los demás
- ❏ El pecado conocido pero no confesado
- ❏ Otra _____

Presentación - ¿Cuál es la decisión específica para la que tú estás buscando la dirección de Dios?
_____
_____

*¿Esta decisión tiene un mandato o principios bíblicos que te dan una respuesta de "sí" o "no"?

Petición - ¿Tú estás orando por la voluntad específica de Dios en tu vida?
*Escribe tu petición específica. _____
_____
_____

Personas - ¿Tú has contactado a aquellos que te aman y aman al Señor para pedir su consejo?
- ❏ Cónyuge (su respuesta) _____
- ❏ Padres (su respuesta) _____
- ❏ Otra Familia (su respuesta) _____
- ❏ Pastor (su respuesta) _____
- ❏ Cristianos sabios y maduros (su respuesta) _____
  _____
- ❏ Amigos (su respuesta) _____
- ❏ Otros (su respuesta) _____

Plan - ¿Cuáles son algunas maneras en que tú puedes empezar a valorar tus opciones?

1. _____

2. _____

3. _____

4. _____

Práctica del Plan - ¿Has tratado de seguir completamente con el plan numero . . .?

1. ❑ Sí - (Resultado) _____

2. ❑ Sí - (Resultado) _____

3. ❑ Sí - (Resultado) _____

4. ❑ Sí - (Resultado) _____

Práctica de la Obediencia - Después que encuentres la dirección de Dios a través de la oración, la Biblia, y las circunstancias, ¿te comprometes a ti mismo a que siga la voluntad de Dios en el próximo paso de obediencia?

*¿Qué has aprendido para hacer la voluntad de Dios para tu vida en esta decisión sobre la base de los pasos de la fe que tú has tomado?

_____

_____

Alabar a Dios - ¿Tú estás dispuesto en darle la gloria a Dios por cómo te ha llevado en el pasado y te llevará en esta decisión? (Toma el tiempo de alabar a Dios específicamente para los resultados.)

*Escribe las grandes cosas que Dios ha hecho por ti y enseñado a través de este proceso de hacer la decisión.

_____

_____

_____

☺ **Recuerda - la voluntad de Dios se encuentra con un paso a la vez.** ☺

¿La Voluntad de Dios es
un Rompecabezas para Ti?

Pon cada pieza en el lugar correcto
y ve qué gran imagen Dios te está preparando.

El Ejemplo de <u>Gedeón</u> - <u>Jueces 6:11-8:3</u>

I Juan 2:17

Y el mundo pasa, y sus deseos;
pero el que hace la voluntad de Dios permanece para siempre.

Preparación - ¿Tú estás en una relación correcta con Dios en tu vida diaria?
- ❏ Leer la Biblia diariamente
- ❏ Orar diariamente
- ❏ Las oraciones con los demás
- ❏ El pecado conocido pero no confesado
- ❏ Otra _____

Presentación - ¿Cuál es la decisión específica para la que tú estás buscando la dirección de Dios?

_____

_____

---

*¿Esta decisión tiene un mandato o principios bíblicos que te dan una respuesta de "sí" o "no"?

Petición - ¿Tú estás orando por la voluntad específica de Dios en tu vida?
*Escribe tu petición específica. _____

_____

_____

Personas - ¿Tú has contactado a aquellos que te aman y aman al Señor para pedir su consejo?
- ❏ Cónyuge (su respuesta) _____
- ❏ Padres (su respuesta) _____
- ❏ Otra Familia (su respuesta) _____
- ❏ Pastor (su respuesta) _____
- ❏ Cristianos sabios y maduros (su respuesta) _____
- ❏ Amigos (su respuesta) _____
- ❏ Otros (su respuesta) _____

Plan - ¿Cuáles son algunas maneras en que tú puedes empezar a valorar tus opciones?

1. _____

2. _____

3. _____

4. _____

Práctica del Plan - ¿Has tratado de seguir completamente con el plan numero . . .?

1. ❏ Sí - (Resultado) _____

2. ❏ Sí - (Resultado) _____

3. ❏ Sí - (Resultado) _____

4. ❏ Sí - (Resultado) _____

Práctica de la Obediencia - Después que encuentres la dirección de Dios a través de la oración, la Biblia, y las circunstancias, ¿te comprometes a ti mismo a que siga la voluntad de Dios en el próximo paso de obediencia?
*¿Qué has aprendido para hacer la voluntad de Dios para tu vida en esta decisión sobre la base de los pasos de la fe que tú has tomado?

_____

_____

Alabar a Dios - ¿Tú estás dispuesto en darle la gloria a Dios por cómo te ha llevado en el pasado y te llevará en esta decisión? (Toma el tiempo de alabar a Dios específicamente para los resultados.)
*Escribe las grandes cosas que Dios ha hecho por ti y enseñado a través de este proceso de hacer la decisión.

_____

_____

_____

☺ **Recuerda - la voluntad de Dios se encuentra con un paso a la vez.** ☺

¿La Voluntad de Dios es
un Rompecabezas para Ti?

Pon cada pieza en el lugar correcto
y ve qué gran imagen Dios te está preparando.

El Ejemplo de <u>David</u> - I Samuel 16:1-13, 23:1-24:22

I Juan 2:17
Y el mundo pasa, y sus deseos;
pero el que hace la voluntad de Dios permanece para siempre.

Preparación - ¿Tú estás en una relación correcta con Dios en tu vida diaria?
- ❏ Leer la Biblia diariamente
- ❏ Orar diariamente
- ❏ Las oraciones con los demás
- ❏ El pecado conocido pero no confesado
- ❏ Otra _____

Presentación - ¿Cuál es la decisión específica para la que tú estás buscando la dirección de Dios?

_____
_____
_____

---

*¿Esta decisión tiene un mandato o principios bíblicos que te dan una respuesta de "sí" o "no"?

Petición - ¿Tú estás orando por la voluntad específica de Dios en tu vida?
*Escribe tu petición específica. _____

_____
_____

Personas - ¿Tú has contactado a aquellos que te aman y aman al Señor para pedir su consejo?
- ❏ Cónyuge (su respuesta) _____
- ❏ Padres (su respuesta) _____
- ❏ Otra Familia (su respuesta) _____
- ❏ Pastor (su respuesta) _____
- ❏ Cristianos sabios y maduros (su respuesta) _____
- ❏ Amigos (su respuesta) _____
- ❏ Otros (su respuesta) _____

Plan - ¿Cuáles son algunas maneras en que tú puedes empezar a valorar tus opciones?

1. _____

_____

2. _____

_____

3. _____

_____

4. _____

_____

Práctica del Plan - ¿Has tratado de seguir completamente con el plan numero . . .?

1. ❑ Sí - (Resultado) _____

_____

2. ❑ Sí - (Resultado) _____

_____

3. ❑ Sí - (Resultado) _____

_____

4. ❑ Sí - (Resultado) _____

_____

Práctica de la Obediencia - Después que encuentres la dirección de Dios a través de la oración, la Biblia, y las circunstancias, ¿te comprometes a ti mismo a que siga la voluntad de Dios en el próximo paso de obediencia?

*¿Qué has aprendido para hacer la voluntad de Dios para tu vida en esta decisión sobre la base de los pasos de la fe que tú has tomado?

_____

_____

Alabar a Dios - ¿Tú estás dispuesto en darle la gloria a Dios por cómo te ha llevado en el pasado y te llevará en esta decisión? (Toma el tiempo de alabar a Dios específicamente para los resultados.)

*Escribe las grandes cosas que Dios ha hecho por ti y enseñado a través de este proceso de hacer la decisión.

_____

_____

_____

☺ **Recuerda - la voluntad de Dios se encuentra con un paso a la vez.** ☺

¿La Voluntad de Dios es un Rompecabezas para Ti?

Pon cada pieza en el lugar correcto
y ve qué gran imagen Dios te está preparando.

El Ejemplo de Eliseo y Naamán - II Reyes 5:1-19

I Juan 2:17

Y el mundo pasa, y sus deseos;
pero el que hace la voluntad de Dios permanece para siempre.

Preparación - ¿Tú estás en una relación correcta con Dios en tu vida diaria?

- ❏ Leer la Biblia diariamente
- ❏ Orar diariamente
- ❏ Las oraciones con los demás
- ❏ El pecado conocido pero no confesado
- ❏ Otra _____

Presentación - ¿Cuál es la decisión específica para la que tú estás buscando la dirección de Dios?

_____
_____
_____

*¿Esta decisión tiene un mandato o principios bíblicos que te dan una respuesta de "sí" o "no"?

Petición - ¿Tú estás orando por la voluntad específica de Dios en tu vida?
*Escribe tu petición específica. _____

_____
_____

Personas - ¿Tú has contactado a aquellos que te aman y aman al Señor para pedir su consejo?

- ❏ Cónyuge (su respuesta) _____
- ❏ Padres (su respuesta) _____
- ❏ Otra Familia (su respuesta) _____
- ❏ Pastor (su respuesta) _____
- ❏ Cristianos sabios y maduros (su respuesta) _____
- ❏ Amigos (su respuesta) _____
- ❏ Otros (su respuesta) _____

Plan - ¿Cuáles son algunas maneras en que tú puedes empezar a valorar tus opciones?

1. _____

2. _____

3. _____

4. _____

Práctica del Plan - ¿Has tratado de seguir completamente con el plan numero . . .?

1. ❏ Sí - (Resultado) _____

2. ❏ Sí - (Resultado) _____

3. ❏ Sí - (Resultado) _____

4. ❏ Sí - (Resultado) _____

Práctica de la Obediencia - Después que encuentres la dirección de Dios a través de la oración, la Biblia, y las circunstancias, ¿te comprometes a ti mismo a que siga la voluntad de Dios en el próximo paso de obediencia?

*¿Qué has aprendido para hacer la voluntad de Dios para tu vida en esta decisión sobre la base de los pasos de la fe que tú has tomado?

_____

_____

Alabar a Dios - ¿Tú estás dispuesto en darle la gloria a Dios por cómo te ha llevado en el pasado y te llevará en esta decisión? (Toma el tiempo de alabar a Dios específicamente para los resultados.)

*Escribe las grandes cosas que Dios ha hecho por ti y enseñado a través de este proceso de hacer la decisión.

_____

_____

☺ **Recuerda - la voluntad de Dios se encuentra con un paso a la vez.** ☺

¿La Voluntad de Dios es un Rompecabezas para Ti?

Pon cada pieza en el lugar correcto
y ve qué gran imagen Dios te está preparando.

El Ejemplo del Siervo de Abraham - Génesis 24:1-67

I Juan 2:17

Y el mundo pasa, y sus deseos;
pero el que hace la voluntad de Dios permanece para siempre.

Preparación - ¿Tú estás en una relación correcta con Dios en tu vida diaria?
- ❏ Leer la Biblia diariamente
- ❏ Orar diariamente
- ❏ Las oraciones con los demás
- ❏ El pecado conocido pero no confesado
- ❏ Otra _____

Presentación - ¿Cuál es la decisión específica para la que tú estás buscando la dirección de Dios?
_____
_____
_____

---

*¿Esta decisión tiene un mandato o principios bíblicos que te dan una respuesta de "sí" o "no"?

Petición - ¿Tú estás orando por la voluntad específica de Dios en tu vida?
*Escribe tu petición específica. _____
_____
_____

Personas - ¿Tú has contactado a aquellos que te aman y aman al Señor para pedir su consejo?
- ❏ Cónyuge (su respuesta) _____
- ❏ Padres (su respuesta) _____
- ❏ Otra Familia (su respuesta) _____
- ❏ Pastor (su respuesta) _____
- ❏ Cristianos sabios y maduros (su respuesta) _____
- ❏ Amigos (su respuesta) _____
- ❏ Otros (su respuesta) _____

Plan - ¿Cuáles son algunas maneras en que tú puedes empezar a valorar tus opciones?

1. _____

_____

2. _____

_____

3. _____

_____

4. _____

_____

Práctica del Plan - ¿Has tratado de seguir completamente con el plan numero . . .?

1. ❏ Sí - (Resultado) _____

_____

2. ❏ Sí - (Resultado) _____

_____

3. ❏ Sí - (Resultado) _____

_____

4. ❏ Sí - (Resultado) _____

_____

Práctica de la Obediencia - Después que encuentres la dirección de Dios a través de la oración, la Biblia, y las circunstancias, ¿te comprometes a ti mismo a que siga la voluntad de Dios en el próximo paso de obediencia?

*¿Qué has aprendido para hacer la voluntad de Dios para tu vida en esta decisión sobre la base de los pasos de la fe que tú has tomado?

_____

_____

Alabar a Dios - ¿Tú estás dispuesto en darle la gloria a Dios por cómo te ha llevado en el pasado y te llevará en esta decisión? (Toma el tiempo de alabar a Dios específicamente para los resultados.)

*Escribe las grandes cosas que Dios ha hecho por ti y enseñado a través de este proceso de hacer la decisión.

_____

_____

_____

☺ **Recuerda - la voluntad de Dios se encuentra con un paso a la vez.** ☺

La Voluntad de Dios
en Todo el Nuevo Testamento

"Voluntad"
Strong #2307

*Voluntad - "determinación (prop. la cosa), i.e., (act.) elección, alternativa (espec. propósito, decreto; abst. voluntad) o (pas.) inclinación:—querer, voluntad, agradar."

- Todas las cosas existen por la voluntad de Dios - Apocalipsis 4:10-11 (11)

- La Palabra de Dios fue traída por la voluntad de Dios - II Pedro 1:16-21 (21)
  - La Palabra de Dios fue confirmada por señales según la voluntad de Dios - Hebreos 2:1-4 (4) (Strong #2308)

- La salvación es realizada por la voluntad de Dios - Juan 1:12-13 (13), 6:38-40, Efesios 1:3-12 (5, 9, 11), Gálatas 1:3-5 (4), Hebreos 10:9-10
  - Dios nos hizo nacer espiritualmente por Su voluntad - Santiago 1:17-18 (18) (Strong #1014)
  - La muerte de Jesucristo fue según la voluntad de Dios (consejo) - Hechos 2:22-24 (23) (Strong #1012)

- La pérdida de los pequeños (niños) no es la voluntad de Dios - Mateo 18:1-14 (14)
  *Él no desea que nadie deba parroquiar sino que todos se arrepientan - II Pedro 3:8-12 (9) (Strong #1014)

- El liderazgo espiritual se basa en la voluntad de Dios
  - David - Hechos 13:36-37 (36) (Strong #1012)
    *Él cumplió toda la voluntad de Dios - Hechos 13:21-23 (22)
  - Pablo - I Corinto 1:1-2 (1), II Corinto 1:1-2 (1), Efesios 1:1-2 (1), Colosenses 1:1-2 (1)
    *Él compartió toda la voluntad (consejo) de Dios - Hechos 20:17-38 (27) (Strong #1012)

- Cada miembro del cuerpo de Cristo (la iglesia) y sus dones están repartidos por la voluntad de Dios - I Corinto 12:4-31 (11) (Strong #1014)

- Los hijos de Dios son hechos aptos por Él de hacer buenas obras para realizar la voluntad de Dios - Hebreos 13:20-21 (21)
  - Pablo recibió la promesa que conocería la voluntad de Dios - Hechos 22:1-23 (14)
  - Dios obra con su voluntad para que desee y pueda hacer Su "buena voluntad"- Filipenses 2:12-16 (13) (Strong #2107)

- La oración debe ser de acuerdo a la voluntad de Dios - I Juan 5:13-15 (14-15)
  - El Espíritu Santo nos ayuda en oración según la voluntad de Dios - Romanos 8:26-27
  - Orar para conocer la voluntad de Dios - Colosenses 1:9-17 (9)
  - Orar por estabilidad y dedicación en la voluntad de Dios - Colosenses 4:12-13 (12)

- El sufrimiento puede ser incluido en la voluntad de Dios - I Pedro 3:8-18 (17)
  - El sufrimiento puede ayudar en evitar el pecado - I Pedro 4:1-19 (2, 19)

- La seguridad en el viaje y el ministerio está basado en la voluntad de Dios - Romanos 1:7-12 (10), 15:28-33 (32)

- La voluntad de Dios incluye específicamente
  - Separarse del mundo y transformarse en la forma de pensar - Romanos 12:1-3 (2)
  - Entregarse al Señor y al liderazgo espiritual - II Corinto 8:1-5 (5)
  - Andar (vivir) en sabiduría según la llenura del Espíritu Santo - Efesios 5:14-21 (17)
  - Ser un buen trabajador - Efesios 6:5-7 (6)
  - Mantener su cuerpo santificado a Dios al separarle de la sensualidad mundana - I Tesalonicenses 4:1-8 (3)

- Hay bendiciones por hacer la voluntad de Dios
  - Una entrada al reino de Dios - Mateo 7:15-23 (21)
  - Una membresía en la familia de Jesús - Mateo 12:46-50 (50), Marcos 3:31-35 (35)
  - Las oraciones están escuchadas por Dios - Juan 9:1-41 (31), I Juan 5:13-15 (14-15)
  - El obtener de las promesas de Dios - Hebreos 10:35-39 (36)
    *La paciencia es necesaria hasta el tiempo de Dios
  - La permanencia para siempre - I Juan 2:15-17 (17)
  - Las acusaciones malvadas de los insensatos serán calladas - I Pedro 2:11-17 (15)

- Voluntad de la carne - Efesios 2:3-12 (3), I Pedro 4:1-5 (3)

- Los judíos tuvieron acceso a la voluntad de Dios, pero se resistieron - Romanos 2:17-29 (17-18)
  *Los fariseos y abogados rechazaron la voluntad (consejo) de Dios - Lucas 7:22-30 (30) (Strong #1012)
  *Dios mostró Su promesa a los judíos por Su voluntad a través de un juramento - Hebreos 6:13-20 (17)

Jesucristo y la Voluntad de Dios Padre

- El propósito de Jesús era hacer la voluntad de Dios - Juan 4:5-42 (34), 5:16-47 (30), 6:24-72 (38-40), Hebreos 10:1-21 (7-10)

- Jesús 'enseñó la voluntad de Dios como doctrina - Juan 7:14-20 (16-18)

- Jesús usó una parábola para enseñar acerca de la voluntad de Dios
  - Los dos hijos - Mateo 21:23-32 (31)
  - Los sirvientes - Lucas 12:41-50 (47)

- Jesús rogó que la voluntad de Dios fuera cumplida
  - Él enseñó a Sus discípulos que oraren por la voluntad de Dios - Mateo 6:9-15 (10), Lucas 11:1-4 (2)
  - Él oró para que la voluntad de Dios se hiciera en la cruz - Mateo 26:37-46 (42), Lucas 22:39-46 (42)

Los Significados

- Voluntad (Strong #2307) - "denota aquello que se quiere (relacionado con A, Nº 1). Se traduce: «lo que yo quiero» en Hch 13.22 (RV, RVR; VM: «designios»); Col 4.12: «lo que Dios quiere» (RV, RVR; VM: «voluntad»)."j

- Voluntad (Strong #2308) - "denota la acción de querer, un deseo [similar a Nº 1(b)] (Heb 2.4)."

- Voluntad (Strong #1012) - "de una raíz significando voluntad, y de ahí consejo. Debe distinguirse de gnome (véase Nº 2); boule es el resultado de la determinación, gnome es el resultado del conocimiento. Boule se traduce como consejo en la mayor parte de las ocasiones en que aparece, tanto en la RV como en la RVR. Y en los pasajes en que se traduce con otra palabra, tiene el sentido de consejo. Por ejemplo, en Hch 13.36, la RV y la RVR traducen «la voluntad»; en tanto que la traducción propia es, «después de haber servido el consejo de Dios, durmió». En Lc 7.30 la RVR vierte «los designios» («el consejo», RV); Lc 23.51 vierte «acuerdo» (RVR); «consejo» (RV); Hch 27.12, «acordó» (RVR); «acordaron» (RV); «aconsejaron» (VM); Hch 27.42, «acordaron» (RVR); «acuerdo» (RV); «propósito» (VM); «el consejo» (VHA); 1 Co 4.5, «las intenciones» (RVR); «los consejos» (VHA); Ef 1.11, «designio» (RVR); «consejo» (RV). Se traduce como «consejo» en Hch 2.23; 4.28; 5.38; 20.27; Heb 6.17."

- Voluntad (Strong #1014) - "desear, querer, proponerse (relacionado con boule, consejo, propósito, véase CONSEJO bajo ACONSEJAR, B, N° 1, etc.). Se traduce «se proponía» (Hch 12.4; RV: «queriendo»); «al proponerme» (2 Co 1.17), en los mss. más comúnmente aceptados, en lugar del N° 1 en TR (RV: «pretendiendo»)."

- Voluntad (Strong #2107) - "lit. buen agrado (eu, buen; dokeo, parecer). Implica un propósito lleno de gracia, estando a la vista un buen objeto, con la idea de una resolución, exhibiendo la voluntad con la que se efectúa una resolución. Se traduce como «afecto» en Ef 1.5: «puro afecto»."

*Todos los significados son tomados de: Vine, W.E. Vine Diccionario Expositivo de Palabras Del Antiguo Y Del Nuevo Testamento Exhaustivo. Nashville: Editorial Caribe, 1999.

Los Otros Estudios Bíblicos y Libros
disponible por
Los Ministerios de Andando en la PALABRA
www.walkinginthewordministries.net

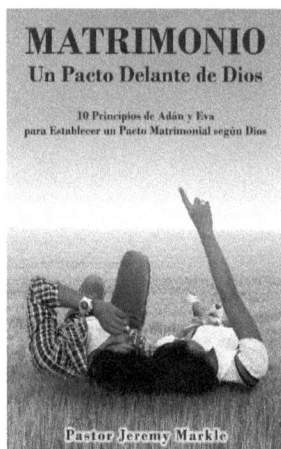

Matrimonio:
Un Pacto Delante de Dios

Diez estudios y materiales extras
para ayudar a una pareja
tener un matrimonio bíblico.

La Crianza con Propósito

Seis estudios
sobre la crianza bíblica.
Los primeros tres estudios se enfoquen en
la necesidad de los padres
de honrar a Dios con su niño.
Los últimos tres estudios se enfoquen en
cómo los padres tienen que representar
Dios Padre a su niño.

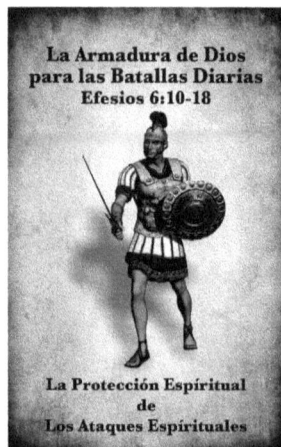

La Armadura de Dios
para las Batallas Diarias

Un estudio diario
para ayudar a los creyentes
a aprender y aplicar
los recursos espirituales
que Dios el Padre les da
para vivir la vida victoriosa.

Una Guía de Bosquejo para
El Camino del Calvario
de Roy Hession

Esta guía en forma de bosquejo
fue escrita para mejorar
su capacidad de comprender, recordar,
y aplicar las verdades espirituales
importantes compartidas en
El Camino del Calvario.

La Búsqueda
para la Mano de Dios en Mi Vida

Un estudio de seis temas importantes
para que un creyente pueda ver
el cuidado y la dirección de Dios
en su vida.

El Corazón del Hombre

Un análisis Bíblico
tocante a la salvación,
los primeros pasos de la obediencia,
y la vida nueva.

¿Qué dice la Biblia sobre:
La Salvación?,
El Bautismo?,
La Membresía de la Iglesia?

Tres estudios sencillos
para investigar y repasar
la salvación
y los primeros pasos de obediencia
en la vida del creyente.

¿Quiénes Son Los Bautistas?
Según Sus Distintivos

Un estudio bíblico
de las ocho creencias básicas
de los Bautistas.

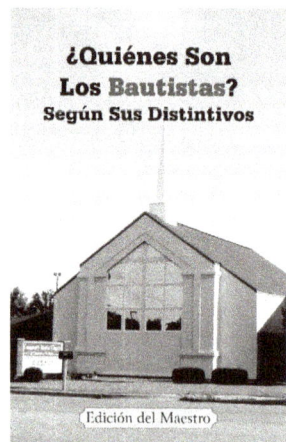

Los Componentes Básicos
para una Vida Cristiana Estable

Cinco estudios explicando
la importancia de y como organizarse
en la oración,
el estudio bíblico,
las verdades bíblicas,
los versículos de memoria,
y la predicación.

www.ingramcontent.com/pod-product-compliance
Lightning Source LLC
Chambersburg PA
CBHW071733020426
42331CB00008B/2006